ПОДГОТОВКА НАСТОЯЩИХ УЧЕНИКОВ

ПОСОБИЕ УЧАСТНИКА

«Подготовка настоящих учеников»

Цель пособия--способствовать наставничеству в малых группах, домашних церквях и краткосрочных миссионерских поездках, ведущих к движению образования новых церквей.

Автор – Даниил Ланкастер, доктор наук

Опубликовано: T4T Press

Впервые напечатано, 2011

ISBN 978-1-938920-29-5 printed

Все цитаты из Библии взяты из Русского синодального перевода.

Оглавление

Уроки

Справка

1

Добро пожаловать

Раздел *Добро пожаловать* открывает занятия тренинга или семинар, и он включает в себя знакомство учителей и учеников. Преподаватели вводят восемь изображений Иисуса, а именно Солдат, Искатель, Пастырь, Сеятель, Сын, Святой, Слуга и Домоправитель, сопровождая это движением рук. Так как люди учатся при помощи трех видов восприятия: слухового, зрительного и моторного, тренинг «Следуй за Иисусом» использует все три вида на каждом уроке.

В Библии сказано, что Святой Дух-- это наш учитель, поэтому учащихся поощряют полагаться на Святой Дух во время тренинга. В конце занятия открывается маленькое кафе для того, чтобы создать более непринужденную обстановку между учителями и учениками, похожую на обстановку, которой наслаждались ученики в присутствии Иисуса.

ПРОСЛАВЛЕНИЕ

НАЧАЛО

Знакомство с учителями

Знакомство с учениками

Знакомство с Иисусом

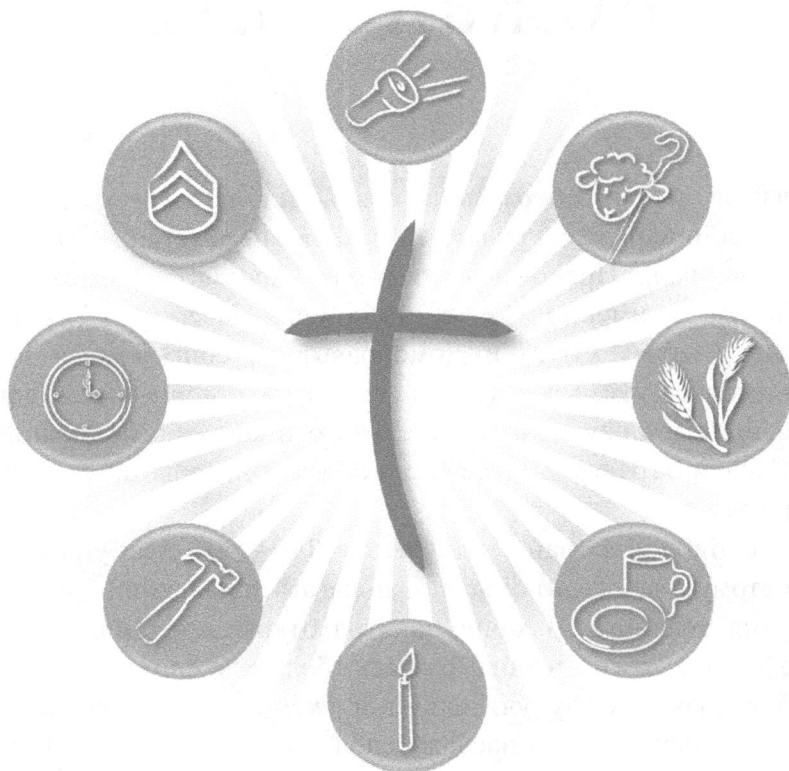

ВОСЕМЬ ИЗОБРАЖЕНИЙ ИИСУСА В БИБЛИИ

🖐 Солдат

Поднимите меч

🖐 Искатель

Посмотрите назад и вперед, держа руку над глазами.

🖐 Пастырь

Сделайте движение руками по направлению к себе, как- будто вы собираете людей.

🖐 Сеятель

Разбрасывайте семена руками.

🖐 Сын

Сделайте движение руками по направлению ко рту, как- будто вы едите.

🖐 Святой

Сложите руки в классическую позу молитвы. «Иисус свят, мы призваны быть святыми».

🖐 Слуга

Орудуйте молотком.

🖐 Управляющий

Достаньте деньги из кармана или кошелька.

Какие три способа помогают нам лучше учиться?

🖐 Слуховое восприятие.

  Сложите руку «чашечкой» около уха.

🖐 Зрительное восприятие.

  Укажите на глаза.

🖐 Восприятие при помощи действий.

  Сделайте вращательное движение руками.

ЗАВЕРШЕНИЕ

Кафе открыто ☙

Евангелие от Луки 7:31-35—31. 31.Тогда Господь сказал: с кем сравню людей рода сего? и кому они подобны? 32. Они подобны детям, которые сидят на улице, кличут друг друга и говорят: мы играли вам на свирели, и вы не плясали; мы пели вам плачевные песни, и вы не плакали. 33. Ибо пришел Иоанн Креститель: ни хлеба не ест, ни вина не пьет; и говорите: в нем бес. 34. Пришел Сын Человеческий: ест и пьет; и говорите: вот человек, который любит есть и пить вино, друг мытарям и грешникам. 35. И оправдана премудрость всеми чадами ее.

2

Преумножай

Преумножай знакомит с Иисусом как с управляющим. Управляющие хотят получить хорошее возмещение затрат своего времени и богатства, и они стремятся жить честно, сообразно своим принципам. Учащиеся получают представление о том, что значит – приносить плод, изучая 1)первую заповедь, которую дал Бог людям; 2)последнюю заповедь, которую дал Иисус людям; 3)Принцип 222; 4) различие между Галилейским морем и Мертвым морем.

Урок заканчивается разыгрыванием пьесы, которая демонстрирует различие между понятиями «плод» и «приносить плод», между тем, что такое «наставлять» других или просто «учить» их. Учащихся призывают наставлять других славить Бога, молиться, изучать Божье слово и служить другим. Вкладывая свое время, сокровища и честность, ученики смогут сделать удивительный подарок Иисусу, когда увидят его на Небесах.

Прославление

Молитва

Изучение

Повторение

Каковы восемь изображений Иисуса?

Наша духовная жизнь как воздушный шар ☙

Какой Иисус?

> *Евангелие от Матфея 6:20-21. «но собирайте себе сокровища на небе, где ни моль, ни ржа не истребляют и где воры не подкапывают и не крадут, ибо где сокровище ваше, там будет и сердце ваше».*

🖐 Притворитесь, что вы достаете деньги из кармана или кошелька.

Какие три вещи делает управляющий?

> *Евангелие от Матфея 25:14-28. Ибо Он поступит, как человек, который, отправляясь в чужую страну,*

призвал рабов своих и поручил им имение свое: и одному дал он пять талантов, другому два, иному один, каждому по его силе; и тотчас отправился. Получивший пять талантов пошел, употребил их в дело и приобрел другие пять талантов точно так же и получивший два таланта приобрел другие два; получивший же один талант пошел и закопал его в землю и скрыл серебро господина своего. По долгом времени, приходит господин рабов тех и требует у них отчета. И, подойдя, получивший пять талантов принес другие пять талантов и говорит: господин! пять талантов ты дал мне; вот, другие пять талантов я приобрел на них. Господин его сказал ему: хорошо, добрый и верный раб! в малом ты был верен, над многим тебя поставлю; войди в радость господина твоего. Подошел также и получивший два таланта и сказал: господин! два таланта ты дал мне; вот, другие два таланта я приобрел на них. Господин его сказал ему: хорошо, добрый и верный раб! в малом ты был верен, над многим тебя поставлю; войди в радость господина твоего. Подошел и получивший один талант и сказал: господин! я знал тебя, что ты человек жестокий, жнешь, где не сеял, и собираешь, где не рассыпал, и, убоявшись, пошел и скрыл талант твой в земле; вот тебе твое. Господин же его сказал ему в ответ: лукавый раб и ленивый! ты знал, что я жну, где не сеял, и собираю, где не рассыпал; посему надлежало тебе отдать серебро мое торгующим, и я, придя, получил бы мое с прибылью; итак, возьмите у него талант и дайте имеющему десять талантов...

1. _____

2. _____

3. _____

Какова была первая заповедь Бога человеку?

Книга Бытие 1:28-- И благословил их Бог, и сказал им Бог: плодитесь и размножайтесь, и наполняйте землю, и обладайте ею, и владычествуйте над рыбами морскими и над птицами небесными, и над всяким животным, пресмыкающимся по земле.

Какова была последняя заповедь Иисуса человеку?

Евангелие от Марка 16:15. И сказал им: идите по всему миру и проповедуйте Евангелие всей твари.

_____

Как я могу приносить плод и умножаться?

Второе послание к Тимофею 2:2. и что слышал от меня при многих свидетелях, то передай верным людям, которые были бы способны и других научить.

_____

Галилейское море/Мертвое море ❧

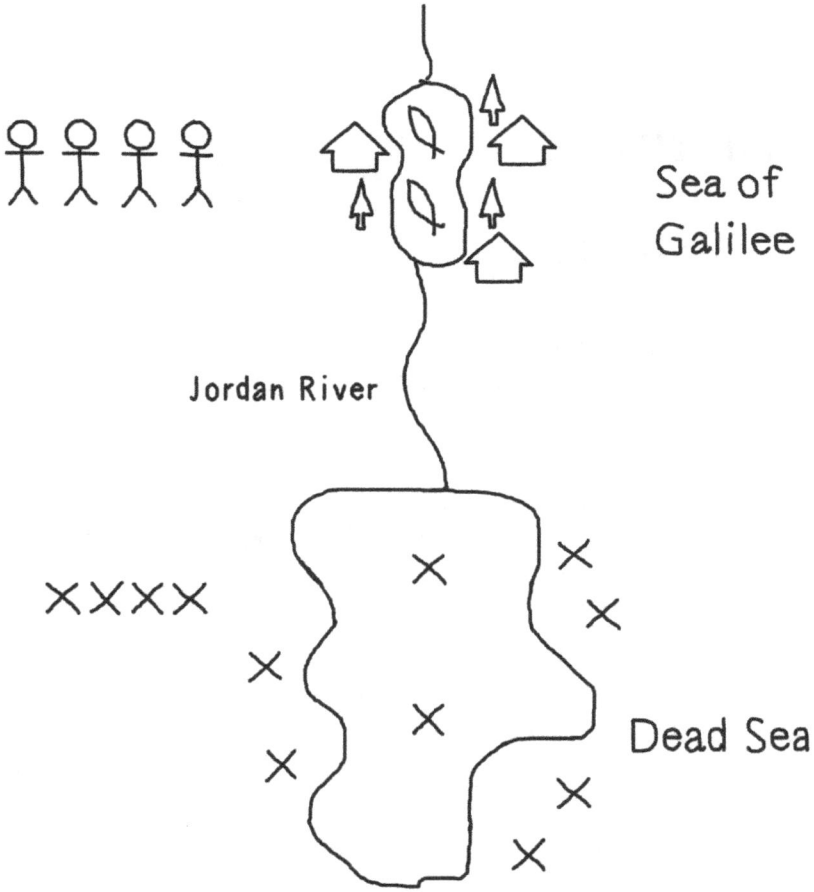

Sea of Galilee

Jordan River

Dead Sea

Стих наизусть

Евангелие от Иоанна 15:8. Тем прославится Отец Мой, если вы принесете много плода и будете Моими учениками.

ПРАКТИКА

Младший в паре будет лидером.

ЗАВЕРШЕНИЕ

Подарок Иисусу ∞

✋ **Прославляйте**

Поднимите руки, славя Бога.

✋ **Молитесь**

Сложите руки в классическую позу молитвы.

✋ **Изучайте Библию.**

Протяните ладони вперед, как будто вы читаете книгу.

✋ **Расскажите другим об Иисусе.**

Протяните руку, как будто вы сеете семена.

3

Любите

Любите знакомит с Иисусом как с пастырем: пастырь ведет, защищает и кормит своих овец. Мы «кормим» людей, когда мы учим их Божьему слову, но что должно быть первым, что они должны узнать о Боге? Ученики изучают самую главную заповедь; определяют, кто является источником любви, и раскрывают для себя, как можно поклоняться Богу, опираясь на самую главную заповедь.

Ученики на практике учатся вести простую группу наставничества с четырьмя ключевыми элементами: прославлением (любите Бога всем сердцем), молитвой (любите Бога всею душою), изучением Библии (любите Бога всем разумом) и практикой навыка (так чтобы мы могли любить Бога всеми силами). Завершающая пьеса «Овцы и тигры» показывает потребность в группах наставничества среди верующих.

Прославление.

Молитва.

1. Как мы можем молиться о том, чтобы те неверующие кого вы знаете, пришли к Богу?
2. Как мы можем молиться за группу, которую вы готовите?

Изучение

Повторение

Какие восемь картин помогают нам следовать за Иисусом?

Преумножайте.

Какие три вещи делает управляющий?

Какая первая заповедь Бога человеку?

Какая последняя заповедь Иисуса человеку?

Как я могу приносить плод и преумножать?

Как называются два моря, которые находятся в Израиле?

Почему они так отличаются друг от друга?

Каким из них вы хотели бы быть?

Какой Иисус?

Евангелие от Марка 6:34--Иисус, выйдя, увидел множество народа и сжалился над ними, потому

*что они были, как овцы, не имеющие пастыря; и
начал учить их много.*

Сделайте движение к себе, как будто вы
собираете людей.

Какие три вещи делает пастырь?

*Псалтырь 22: 1- 6. 1. Господь — Пастырь мой; я
ни в чем не буду нуждаться: 2. Он покоит меня
на злачных пажитях и водит меня к водам тихим,
3. подкрепляет душу мою, направляет меня на
стези правды ради имени Своего. 4. Если я пойду
и долиною смертной тени, не убоюсь зла, потому
что Ты со мной; Твой жезл и Твой посох — они
успокаивают меня. 5. Ты приготовил предо мною
трапезу в виду врагов моих; умастил елеем голову
мою; чаша моя преисполнена. 6. Так, благость и
милость да сопровождают меня во все дни жизни
моей, и я пребуду в доме Господнем многие дни.*

1. _____

2. _____

3. _____

Какая самая главная заповедь, которой мы должны научить других?

Евангелие от Марка 12:28 — 31. 28. Один из книжников, слыша их прения и видя, что Иисус хорошо им отвечал, подошел и спросил Его: какая первая из всех заповедей? 29. Иисус отвечал ему: первая из всех заповедей: слушай, Израиль! Господь Бог наш есть Господь единый; 30. и возлюби Господа Бога твоего всем сердцем твоим, и всею душею твоею, и всем разумением твоим, и всею крепостию твоею, — вот первая заповедь! 31. Вторая подобная ей: возлюби ближнего твоего, как самого себя. Иной большей сих заповеди нет.

1. _____

🖐 Поднимите руки вверх к Богу.

2. _____

🖐 Направьте руки наружу к другим.

Откуда приходить любовь?

1-ое Послание Иоанна 4:7-8--7. Возлюбленные! будем любить друг друга, потому что любовь от Бога, и всякий любящий рожден от Бога и знает Бога. 8. Кто не любит, тот не познал Бога, потому что Бог есть любовь.

🖐 Направьте руки вверх, как бы принимая любовь
от Бога и отдавая ее Ему.

🖐 Направьте руки вверх, как бы принимая любовь,
потом протяните их наружу, как бы отдавая ее
другим.

Что такое Простое Поклонение?

🖐 Прославление.

Поднимите руки, славя Бога.

🖐 Молитва.

Сложите руки в классическую позу молитвы.

🖐 Изучение.

Поставьте руки ладонями вверх, как бы читая книгу.

🖐 Практика.

Сделайте движение рукой вперед и назад, как бы
разбрасывая семена

Почему у нас есть Простое Поклонение?

*Евангелие от Марка 12:30--30.и возлюби Господа
Бога твоего всем сердцем твоим, и всею душею
твоею, и всем разумением твоим, и всею крепостию*

твоею, — вот первая заповедь! 31. Вторая подобная ей: возлюби ближнего твоего, как самого себя. Иной большей сих заповеди нет.

Мы…	Поэтому мы…	Движения руками
Любим Бога всем сердцем	Славим	Положите руку на сердце, а затем поднимите руки, славя Бота.
Любим Бога всею душою	Молимся	Стисните себя руками, затем сложите их в классическую позу молитвы.
Любим Бога всем разумом	Изучаем	Положите руки с правой стороны головы, как будто вы думаете, затем протяните руки ладонями вверх, как будто вы читаете книгу.
Любим Бога всеми силами	Делитесь тем, что вы выучили (Практика)	Поднимите руки вверх и напрягите мышцы, затем протяните руки, как будто вы рассеиваете семена.

Сколько нужно людей для Простого Поклонения?

Евангелие от Матфея 18:20—ибо, где двое или трое собраны во имя Мое, там Я посреди них.

Стих наизусть

Евангелие от Иоанна 13:34,35—Заповедь новую даю вам, да любите друг друга; как Я возлюбил вас, так и вы да любите друг друга. По тому узнают все, что вы Мои ученики, если будете иметь любовь между собою.

ПРАКТИКА

Старший в паре будет лидером.

ЗАВЕРШЕНИЕ

Простое Поклонение

1. Что эта история рассказывает о Боге?
2. Что эта история рассказывает о людях?
3. Как эта история поможет мне следовать за Иисусом?

Почему это важно для тебя начать группу наставничества?

Овцы и Тигры ☙

4

Молитесь

Молитесь знакомит с Иисусом как со Святым. Он прожил святую жизнь и умер за нас на кресте. Бог заповедал нам быть святыми, когда мы следуем за Иисусом. Святой поклоняется Богу, живет святой жизнью и молится за других. Следуя примеру Иисуса в молитве, мы славим Бога, каемся в наших грехах, приносим Богу свои просьбы и исполняем то, что Он велит делать.

Бог может ответить на наши молитвы четырьмя разными способами: нет (если причина, по которой мы просим Бога неправильна), подожди (если время не то), вырасти (если мы должны подрасти и созреть прежде, чем Бог даст ответ),или иди (когда мы молимся согласно Его воле и Его Слову). Ученики заучивают номер телефона Бога 3-3-3 в соответствии с книгой пророка Иеремии 33:3, и они учатся «звонить» Богу каждый день.

Прославление

Молитва

Изучение

Игра в телефон ❧

Повторение

Какие восемь картин помогают нам следовать за Иисусом?

Преумножайте

Какие три вещи делает управляющий?

Какую первую заповедь дал Бог человеку?

Какую последнюю заповедь дал Иисус человеку?

Как я могу приносить плод и преумножать?

Какие два моря расположены в Израиле?

Почему они так сильно отличаются?

На которое из них ты хотел бы быть похожим?

Любите

Какие три вещи делает пастырь?

Какой самой главной заповеди следует обучать людей?

Откуда приходит любовь?

Что означает Простое Поклонение?

Почему нам нужно Простое Поклонение?

Сколько человек могут иметь Простое Поклонение?

Какой Иисус?

Евангелие от Луки 4:33-35-33. Был в синагоге человек, имевший нечистого духа бесовского, и он закричал громким голосом: 34. оставь; что Тебе до нас, Иисус Назарянин? Ты пришел погубить нас; знаю Тебя, кто Ты, Святый Божий. 35. Иисус запретил ему, сказав: замолчи и выйди из него. И бес, повергнув его посреди синагоги, вышел из него, нимало не повредив ему.

✋ Сложите руки в классическую позу молитвы.

Какие три вещи делает святой?

Евангелие от Матфея 21:12-16. И вошел Иисус в храм Божий и выгнал всех продающих и покупающих в храме, и опрокинул столы меновщиков и скамьи продающих голубей, и говорил им: написано, — дом Мой домом молитвы наречется; а вы сделали его вертепом разбойников. И приступили к Нему в храме слепые и хромые, и Он исцелил их. Видев же первосвященники и книжники чудеса, которые Он сотворил, и детей, восклицающих в храме и говорящих: осанна Сыну Давидову! — вознегодовали и сказали Ему: слышишь ли, что они говорят? Иисус же говорит им: да! разве вы никогда не читали: из уст младенцев и грудных детей Ты устроил хвалу?

1. _____

2. _____

3. _____

Как нам нужно молиться?

Евангелие от Луки 10:21. В тот час возрадовался духом Иисус и сказал: славлю Тебя, Отче, Господи неба и земли, что Ты утаил сие от мудрых и разумных и открыл младенцам. Ей, Отче! Ибо таково было Твое благоволение.

1. _____

🖐 Руки подняты в поклонении.

Евангелие от Луки 18:10-14. 10. два человека вошли в храм помолиться: один фарисей, а другой мытарь. 11. Фарисей, став, молился сам в себе так: Боже! благодарю Тебя, что я не таков, как прочие люди, грабители, обидчики, прелюбодеи, или как этот мытарь: 12. пощусь два раза в неделю, даю десятую часть из всего, что приобретаю. 13. Мытарь же, стоя вдали, не смел даже поднять глаз на небо; но, ударяя себя в грудь, говорил: Боже! будь милостив ко мне грешнику! 14. Сказываю вам, что сей пошел оправданным в дом свой более, нежели тот: ибо всякий, возвышающий сам себя, унижен будет, а унижающий себя возвысится.

2. _____

✋ Закройте лицо ладонями наружу, отверните голову.

Евангелие от Луки 11:9. 9. И Я скажу вам: просите, и дано будет вам; ищите, и найдете; стучите, и отворят вам

3. _____

✋ Руки сложены пригоршней.

Евангелие от Луки 22:42. 42. говоря: Отче! о, если бы Ты благоволил пронести чашу сию мимо Меня! впрочем не Моя воля, но Твоя да будет.

4. _____

✋ Руки сложены в молитве и возложены на лоб в знак уважения.

Совместная молитва

Как Бог отвечает нам?

Евангелие от Матфея 20:20-22) 20. Тогда приступила к Нему мать сыновей Зеведеевых с сыновьями своими, кланяясь и чего-то прося у Него. 21. Он сказал ей: чего ты хочешь? Она говорит Ему: скажи, чтобы сии два сына мои сели у Тебя один по правую сторону, а другой по левую в Царстве Твоем. 22. Иисус сказал в ответ: не знаете, чего просите. Можете ли пить чашу, которую Я буду пить, или креститься крещением, которым Я крещусь? Они говорят Ему: можем.

1. _____

✋ Покачайте годовой, что означает «нет».

Евангелие от Иоанна 11:11-13. 11. Сказав это, говорит им потом: Лазарь, друг наш, уснул; но Я иду разбудить его. 12. Ученики Его сказали: Господи! если уснул, то выздоровеет. 13. Иисус говорил о смерти его, а они думали, что Он говорит о сне обыкновенном.

2. _____

✋ Руки вытянуты вперед как будто вы замедляете машину.

Евангелие от Луки 9:51-56. 51. Когда же приближались дни взятия Его от мира, Он восхотел идти в Иерусалим; 52. и послал вестников пред лицем Своим; и они пошли и вошли в селение Самарянское; чтобы приготовить для Него; 53. но там не приняли Его, потому что Он имел вид путешествующего в Иерусалим. 54. Видя то, ученики Его, Иаков и Иоанн, сказали: Господи! хочешь ли, мы скажем, чтобы огонь сошел с неба и истребил их, как и Илия сделал? 55. Но Он, обратившись к ним, запретил им и сказал: не знаете, какого вы духа; 56. ибо Сын Человеческий пришел не губить души человеческие, а спасать. И пошли в другое селение.

3. _____

🖐 Руки показывают, как растет растение.

Евангелие от Иоанна 15:7. 7. Если пребудете во Мне и слова Мои в вас пребудут, то, чего ни пожелаете, просите, и будет вам.

4. _____

🖐 Киваете головой, что означает «Да» и протягиваете руки вперед, что означает «Иди».

Стих Наизусть

Евангелие от Луки 11:9. 9. И Я скажу вам: просите, и дано будет вам; ищите, и найдете; стучите, и отворят вам...

ПРАКТИКА

Тот, кто меньше ростом в паре будет лидером.

ЗАВЕРШЕНИЕ

Номер телефона Бога ☙

Иеремия 33:3. 3. воззови ко Мне — и Я отвечу тебе, покажу тебе великое и недоступное, чего ты не знаешь.

Две руки- десять пальцев ☙

5

Исполняйте

Исполняйте знакомит с Иисусом как со слугой. Слуги помогают людям, у них смиренное сердце и они послушны своему господину. Мы служим и следуем за Иисусом так же, как он служил и следовал за своим Отцом. Как тот, кто имеет власть, он дал нам четыре заповеди: идите, готовьте учеников, крестите и учите их всем заповедям. Когда Иисус велит делать что-либо, это нужно делать всегда, немедленно и с любовью.

У каждого в жизни бывают бури, но мудрый человек строит свою жизнь, подчиняясь заповедям Иисуса, а глупец не делает этого. Наконец, ученики начинают готовить свою карту Деяния 29, картину своего поля с урожаем, которую они представят в конце семинара.

Прославление

Молитва.

1. Как мы можем молиться о том, чтобы те неверующие кого вы знаете, пришли к Богу?
2. Как мы можем молиться за группу, которую вы готовите?

Изучение

Станцуйте танец маленьких утят! ☙

Повторение

Какие восемь картин помогают нам следовать за Иисусом?

Преумножайте

Какие три вещи делает управляющий?

Какую первую заповедь дал Бог человеку?

Какую последнюю заповедь дал Иисус человеку?

Как я могу приносить плод и преумножать?

Какие два моря расположены в Израиле?

Почему они так сильно отличаются?

На которое из них ты хотел бы быть похожим?

Любите

Какие три вещи делает пастырь?

Какой самой главной заповеди следует обучать людей?

Откуда приходит любовь?

Что означает Простое Поклонение?

Почему нам нужно Простое Поклонение?

Сколько человек могут иметь Простое Поклонение?

Молитесь

Какие три вещи делает святой?

Как нам нужно молиться?

Как Бог ответит нам?

Какой у Бога номер телефона?

Какой Иисус?

Евангелие от Марка 10:45. 45. Ибо и Сын Человеческий не для того пришел, чтобы Ему служили, но чтобы послужить и отдать душу Свою для искупления многих.

✋ Представьте, как будто вы работаете молотком.

Какие три вещи делает слуга?

Послание к Филиппийцам 2:5-8. 5. Ибо в вас должны быть те же чувствования, какие и во Христе Иисусе: 6. Он, будучи образом Божиим, не почитал хищением быть равным Богу; 7. но уничижил Себя Самого, приняв образ раба, сделавшись подобным человекам и по виду став как человек; 8. смирил Себя, быв послушным даже до смерти, и смерти крестной.

1. _____

2. _____

3. _____

Кто имеет наивысшую власть в мире?

Евангелие от Матфея 28:18)--18. И приблизившись Иисус сказал им: дана Мне всякая власть на небе и на земле.

Какие четыре приказа дал Иисус каждому верующему?

Евангелие от Матфея 28:19,20-а. 19. Итак идите, научите все народы, крестя их во имя Отца и Сына и Святаго Духа, 20. уча их соблюдать все, что Я повелел вам;

1. _____

🖐 Сделайте движение пальцами, как будто вы идете.

2. _____

🖐 Используйте все четыре движения из Простого Поклонения: прославление, молитва, изучение, практика.

3. _____

🖐 Положите руку на локоть второй руки.
Поднимите руку вверх и опустите вниз, как
будто кто-то проходит крещение.

4. _____

🖐 Поставьте руки вместе, как будто вы читаете
книгу. А затем подвигайте книгу вперед и назад,
слева направо как будто вы учите людей.

Как нам нужно повиноваться Иисусу?

1. _____

🖐 Сделайте движение правой рукой слева направо.

2. _____

🖐 Сделайте движение руками сверху вниз, как
будто вы режете что-нибудь.

3. _____

🖐 Скрестите руки на груди, а потом поднимите их
во славу Бога.

Что Иисус обещал каждому верующему?

Евангелие от Матфея 28:20-б. и се, Я с вами во все дни до скончания века. Аминь.

Стих наизусть

Евангелие от Иоанна 15:10. 10. Если заповеди Мои соблюдете, пребудете в любви Моей, как и Я соблюл заповеди Отца Моего и пребываю в Его любви.

ПРАКТИКА

Тот, кто меньше ростом в паре будет лидером.

ЗАВЕРШЕНИЕ

Строительство на прочном основании ൠ

Евангелие от Матфея 7:24,25. 24. Итак всякого, кто слушает слова Мои сии и исполняет их, уподоблю мужу благоразумному, который построил дом свой на камне; 25. и пошел дождь, и разлились реки, и подули ветры, и устремились на дом тот, и он не упал, потому что основан был на камне.

Евангелие от Матфея 7:26,27. 26. А всякий, кто слушает сии слова Мои и не исполняет их, уподобится человеку безрассудному, который построил дом свой на песке; 27. и пошел дождь, и разлились реки, и подули ветры, и налегли на дом тот; и он упал, и было падение его великое.

Карта Деяния 29 – Часть 1 ♋

6

Ходите

Ходите знакомит с Иисусом как с сыном: сын или дочь чтут своего отца, хотят согласия и стремятся к успеху в семье. Отец назвал Иисуса возлюбленным, и Святой Дух снизошел на Иисуса во время крещения. Иисус преуспел в своем служении, потому что он полагался на силу Святого Духа.

Точно так мы должны полагаться на силу Святого Духа в нашей жизни. У нас есть четыре заповеди относительно Святого Духа, которые мы должны исполнять: ходить в Духе, не оскорблять Духа, быть исполненными Духом и не угашать Духа. Иисус с нами сегодня, и он хочет помочь нам так же, как Он помогал людям на дорогах Галилеи. Мы можем призвать Иисуса, если нам нужно излечение от того, что мешает нам следовать за Ним.

Прославление

Молитва.

1. Как мы можем молиться о том, чтобы те неверующие кого вы знаете, пришли к Богу?
2. Как мы можем молиться за группу, которую вы готовите?

Изучение

Бензин закончился ☙

Повторение

Какие восемь картин помогают нам следовать за Иисусом?

Преумножайте

Какие три вещи делает управляющий?

Какую первую заповедь дал Бог человеку?

Какую последнюю заповедь дал Иисус человеку?

Как я могу приносить плод и преумножать?

Какие два моря расположены в Израиле?

Почему они так сильно отличаются?

На которое из них ты хотел бы быть похожим?

Любите

Какие три вещи делает пастырь?

Какой самой главной заповеди следует обучать людей?

Откуда приходит любовь?

Что означает Простое Поклонение?

Почему нам нужно Простое Поклонение?

Сколько человек могут иметь Простое Поклонение?

Молитесь

Какие три вещи делает святой?

Как нам нужно молиться?

Как Бог ответит нам?

Какой у Бога номер телефона?

Повинуйтесь

Какие три вещи делает слуга?

У кого наивысшая власть?

Какие четыре заповеди дал Иисус каждому верующему?

Как мы должны повиноваться Иисусу?

Что Иисус обещал нам?

Какой Иисус?

.Евангелие от Матфея 3:16, 17. - 16. И, крестившись, Иисус тотчас вышел из воды, — и се, отверзлись Ему небеса, и увидел Иоанн Духа Божия, Который сходил, как голубь, и ниспускался на Него. 17. И се, глас с небес глаголющий: Сей есть Сын Мой возлюбленный, в Котором Мое благоволение.

🖐 Сделайте движение руками, как будто вы едите. Сыновья много едят!

Какие три вещи делает сын?

Евангелие от Иоанна 17:4,18-21. 4. Я прославил Тебя на земле, совершил дело, которое Ты поручил Мне исполнить. 18. Как Ты послал Меня в мир, так и Я послал их в мир. 19. И за них Я посвящаю Себя, чтобы и они были освящены истиною. 20. Не о них же только молю, но и о верующих в Меня по слову их, 21. да будут все едино, как Ты, Отче, во Мне, и Я в Тебе, так и они да будут в Нас едино, — да уверует мир, что Ты послал Меня.

1. _____

2. _____

3. _____

Почему служение Иисуса было успешным?

Евангелие от Луки 4:14. 14. И возвратился Иисус в силе духа в Галилею; и разнеслась молва о Нем по всей окрестной стране.

_____

Что Иисус обещал верующим о Святом Духе прежде, чем взойти на крест?

Евангелие от Иоанна 14:16-18). 16. И Я умолю Отца, и даст вам другого Утешителя, да пребудет с вами вовек, 17. Духа истины, Которого мир не может принять, потому что не видит Его и не знает Его; а вы знаете Его, ибо Он с вами пребывает и в вас будет. 18. Не оставлю вас сиротами; приду к вам.

1. _____

2. _____

3. _____

4. _____

Что Иисус обещал верующим о Святом Духе после своего воскресения?

Деяния св. Апостолов 1:8. 8. но вы примете силу, когда сойдет на вас Дух Святый; и будете Мне свидетелями в Иерусалиме и во всей Иудее и Самарии и даже до края земли.

Какие четыре заповеди о Святом Духе нужно исполнять?

Послание к Галатам 5:16. 16. Я говорю: поступайте по духу, и вы не будете исполнять вожделений плоти...

1. _____

🖐 Пройдите пальцами по обеим рукам.

Послание к Ефесянам 4:13. 13. доколе все придем в единство веры и познания Сына Божия, в мужа совершенного, в меру полного возраста Христова...

2. _____

🖐 Потрите глаза, как будто вы плачете, потом покачайте головой как бы говоря нет.

Послание к Ефесянам 5:18. 18. И не упивайтесь вином, от которого бывает распутство; но исполняйтесь Духом...

3. _____

🖐 Сделайте плавное движение руками от ног до верхушки головы.

Первое послание к Фессалоникийцам 5:19. 19. Духа не угашайте.

4. _____

🖐 Держите правый указательный палец, как свечу. Притворитесь, будто вы пытаетесь погасить ее. Покачайте отрицательно головой.

Стих наизусть

Евангелие от Иоанна 7:38. 38. Кто верует в Меня, у того, как сказано в Писании, из чрева потекут реки воды живой.

ПРАКТИКА

Тот, кто живет дальше всех от места, где проходит наш тренинг, будет лидером в паре.

ЗАВЕРШЕНИЕ

Иисус здесь ଓ

Послание к Евреям 13:8. Иисус Христос вчера и сегодня и во веки Тот же.

Евангелие от Матфея 15:30,31. 30. И приступило к Нему множество народа, имея с собою хромых, слепых, немых, увечных и иных многих, и повергли их к ногам Иисусовым; и Он исцелил их; 31. так что народ дивился, видя немых говорящими, увечных здоровыми, хромых ходящими и слепых видящими; и прославлял Бога Израилева.

Евангелие от Иоанна 10:10. 10. Вор приходит только для того, чтобы украсть, убить и погубить. Я пришел для того, чтобы имели жизнь и имели с избытком.

7

Идите

Идите знакомит с Иисусом как с искателем. Искатели ищут новые места, потерявшихся людей, новые возможности. Как Иисус решал, куда идти и где служить? Он не делал этого сам. Он смотрел, где работает Бог, и Он присоединялся к Богу. Он знал, что Бог укажет Ему, потому что Он любит Его. Как нам нужно решать, где нести свое служение? Делать это так же, как это делал Иисус.

Где работает Бог? Он работает среди бедных, больных, угнетенных и пленников. А еще Бог работает в наших семьях. Он хочет спасти всю нашу семью. На картах Деяния 29, ученики находят места и людей, где работает Бог.

Прославление

Молитва

1. Как мы можем молиться о том, чтобы те неверующие кого вы знаете, пришли к Богу?
2. Как мы можем молиться за группу, которую вы готовите?

Изучение

Повторение

Какие восемь картин помогают нам следовать за Иисусом?

Преумножайте

Какие три вещи делает управляющий?

Какую первую заповедь дал Бог человеку?

Какую последнюю заповедь дал Иисус человеку?

Как я могу приносить плод и преумножать?

Какие два моря расположены в Израиле?

Почему они так сильно отличаются?

На которое из них ты хотел бы быть похожим?

Любите

Какие три вещи делает пастырь?

Какой самой главной заповеди следует обучать людей?

Откуда приходит любовь?

Что означает Простое Поклонение?

Почему нам нужно Простое Поклонение?

Сколько человек могут иметь Простое Поклонение?

Молитесь

Какие три вещи делает святой?

Как нам нужно молиться?

Как Бог ответит нам?

Какой у Бога номер телефона?

Исполняйте

Какие три вещи делает слуга?

У кого наивысшая власть?

Какие четыре заповеди дал Иисус каждому верующему?

Как мы должны повиноваться Иисусу?

Что Иисус обещал нам?

Ходите

Какие три вещи делает сын?

Что было источником власти в служении Иисуса?

Что Иисус обещал верующим в отношении Святого Духа перед тем, как взойти на крест?

Что Иисус обещал верующим в отношении Святого Духа после воскресения?

Какие четыре заповеди в отношении Святого Духа мы должны исполнять?

Какой Иисус?

Евангелие от Луки 19:10. 10.ибо Сын Человеческий пришел взыскать и спасти погибшее.

1. _____

🖐 Посмотрите назад и вперед, держа руку над глазами.

Какие три вещи делает искатель?

Евангелие от Марка 1:37,38. 37. и, найдя Его, говорят Ему: все ищут Тебя. 38. Он говорит им: пойдем в ближние селения и города, чтобы Мне и там проповедывать, ибо Я для того пришел.

1. _____

2. _____

3. _____

Как Иисус принял решение, где нести свое служение?

Евангелие от Иоанна 5:19,20). 19. На это Иисус сказал: истинно, истинно говорю вам: Сын ничего не может творить Сам от Себя, если не увидит Отца творящего: ибо, что творит Он, то и Сын творит также. 20. Ибо Отец любит Сына и показывает Ему все, что творит Сам; и покажет Ему дела больше сих, так что вы удивитесь.

1. _____

🖐 Положите руку на сердце и покачайте отрицательно головой.

2. _____

🖐 Держите одну руку над глазами и посмотрите направо и налево, как будто вы ищите чего-то.

3. _____

🖐 Укажите рукой на место перед вами и кивните головой, как бы говоря да.

4. _____

🖐 Поднимите руки в прославлении вверх и затем сложите их крест-накрест на груди.

Как нам принять решение, где нести свое служение?

Первое послание Иоанна 2:5,6. 5. а кто соблюдает слово Его, в том истинно любовь Божия совершилась: из сего узнаем, что мы в Нем. 6. Кто говорит, что пребывает в Нем, тот должен поступать так, как Он поступал.

Как мы можем знать, что Бог работает?

Евангелие от Иоанна 6:44. 44. Никто не может придти ко Мне, если не привлечет его Отец, пославший Меня; и Я воскрешу его в последний день.

Где работает Иисус?

Евангелие от Луки 4:18,19. 18. Дух Господень на Мне; ибо Он помазал Меня благовествовать нищим, и послал Меня исцелять сокрушенных сердцем, проповедывать пленным освобождение, слепым прозрение, отпустить измученных на свободу, 19. проповедывать лето Господне благоприятное.

1. _____

2. _____

3. _____

4. _____

В каком еще месте работает Иисус?

Одержимый человек- Евангелие от Марка-5

Корнилий – Деяния 10

Тюремный страж в Филиппах— Деяния 16

Стих Наизусть

Евангелие от Иоанна 12:26. 26. Кто Мне служит, Мне да последует; и где Я, там и слуга Мой будет. И кто Мне служит, того почтит Отец Мой.

Практика

Тот, у кого больше всего братьев сестер, будет
лидером в паре.

Завершение

КАРТА ДЕЯНИЯ 29 - Часть 2 ☯

8

Делитесь

Делитесь знакомит с Иисусом как с солдатом: солдаты сражаются с врагами, переносят тяготы и освобождают пленных. Иисус - солдат; когда мы следуем за Ним, мы тоже становимся солдатами.

Как только мы присоединяемся к Богу там, где Он работает, мы включаемся в духовную борьбу. Как верующие могут одержать победу над сатаной? Мы можем победить только благодаря смерти Иисуса на кресте, рассказывая наше свидетельство и не боясь умереть за нашу веру.

Убедительное свидетельство включает историю моей жизни до того, как я встретил Иисуса, описание того, как я встретил Его и рассказ о том, как изменилась моя жизнь сейчас, когда я живу с Ним. Свидетельство более эффективное, если я ограничиваю мой рассказ тремя-четырьмя минутами, когда мы не говорим, сколько нам лет (потому что это не важно) и когда мы пользуемся языком, который без труда могут понять неверующие.

В конце занятия проходит конкурс: кто может быстро написать имена 40 потерянных людей, которых они знают.

Призы выдаются за первое, второе и третье место, но, в конечном итоге, мы все «победители», потому что мы знаем, как рассказывать свое свидетельство.

Прославление

Молитва

1. Как мы можем молиться о том, чтобы те неверующие кого вы знаете, пришли к Богу?
2. Как мы можем молиться за группу, которую вы готовите?

Изучение

Повторение

Какие восемь картин помогают нам следовать за Иисусом?

Преумножайте

Какие три вещи делает управляющий?

Какую первую заповедь дал Бог человеку?

Какую последнюю заповедь дал Иисус человеку?

Как я могу приносить плод и преумножать?

Какие два моря расположены в Израиле?

Почему они так сильно отличаются?

На которое из них ты хотел бы быть похожим?

Любите

Какие три вещи делает пастырь?

Какой самой главной заповеди следует обучать людей?

Откуда приходит любовь?

Что означает Простое Поклонение?

Почему нам нужно Простое Поклонение?

Сколько человек могут иметь Простое Поклонение?

Молитесь

Какие три вещи делает святой?

Как нам нужно молиться?

Как Бог ответит нам?

Какой у Бога номер телефона?

Исполняйте

Какие три вещи делает слуга?

У кого наивысшая власть?

Какие четыре заповеди дал Иисус каждому верующему?

Как мы должны повиноваться Иисусу?

Что Иисус обещал нам?

Ходите

Какие три вещи делает сын?

Что было источником власти в служении Иисуса?

Что Иисус обещал верующим в отношении Святого Духа перед тем, как взойти на крест?

Что Иисус обещал верующим в отношении Святого Духа после воскресения?

Какие четыре заповеди в отношении Святого Духа мы должны исполнять?

Идите

Какие три вещи делает искатель?

Как Иисус принял решение, где нести свое служение?

Как мы должны принимать решение, где нести свое служение?

Как мы можем знать, что Бог работает?

Где работает Иисус?

В каком еще месте работает Иисус?

Какой Иисус?

Евангелие от Матфея 26:53. 53. или думаешь, что Я не могу теперь умолить Отца Моего, и Он представит Мне более, нежели двенадцать легионов Ангелов?

✋ Поднимите меч

Какие три вещи делает солдат?

Евангелие от Марка 1:12-15. 12. Немедленно после того Дух ведет Его в пустыню. 13. И был Он там в пустыне сорок дней, искушаемый сатаною, и был со зверями; и Ангелы служили Ему. 14. После же того, как предан был Иоанн, пришел Иисус в Галилею, проповедуя Евангелие Царствия Божия. 15. и говоря, что исполнилось время и приблизилось Царствие Божие: покайтесь и веруйте в Евангелие.

1. _____

2. _____

3. _____

Как победить сатану?

Откровение Иоанна Богослова 12:11) 11. Они победили его кровию Агнца и словом свидетельства своего, и не возлюбили души своей даже до смерти.

1. _____

🖐 Укажите на обе ладони своих рук средним пальцем, что обозначает распятие на языке жестов.

2. _____

🖐 Сложите руки пригоршней около рта, как будто вы говорите с кем-то.

3. _____

🖐 Сложите кисти вместе, как будто они в цепях.

Каков план сильного свидетельства?

1. _____

🖐 Укажите на левую сторону от себя.

2. _____

🖐 Укажите в центр перед собой.

3. _____

🖐 Повернитесь направо, поднимите руки вверх и опустите вниз.

4. _____

✋ Укажите на висок, как будто вы думаете над вопросом.

Какие важные принципы следует соблюдать?

1. _____

2. _____

3. _____

Стих наизусть

Первое послание к Коринфянам 15:3-4. 3. Ибо я первоначально преподал вам, что и сам принял, то есть, что Христос умер за грехи наши, по Писанию, 4. и что Он погребен был, и что воскрес в третий день, по Писанию...

Практика

« Самый громкий будет лидером, он будет начинать».

Соль и Сахар ☙

Завершение

Кто может быстрее назвать сорок потерянных людей? ☙

9

Сейте

Сейте знакомит с Иисусом как с сеятелем. Сеятели сажают семена, ухаживают за полем и радуются, когда получают хороший урожай. Иисус-сеятель, и Он живет в нас. Когда мы следуем за Ним, мы тоже становимся сеятелями. Когда мы сеем немного, мы пожинаем немного. Когда мы сеем много, мы пожинаем много.

Что мы должны сеять в жизни людей? Только простое Евангелие может изменить их и возвратить их в Божью семью. Когда мы знаем, что Бог работает в жизни человека, мы делимся с ним Благой вестью. Мы знаем, что только Божья сила может спасти его.

ПРОСЛАВЛЕНИЕ

МОЛИТВА

1. Как мы можем молиться о том, чтобы те неверующие кого вы знаете, пришли к Богу?
2. Как мы можем молиться за группу, которую вы готовите?

ИЗУЧЕНИЕ

Повторение

Какие восемь картин помогают нам следовать за Иисусом?

Исполняйте

Какие три вещи делает слуга?

У кого наивысшая власть?

Какие четыре заповеди дал Иисус каждому верующему?

Как мы должны повиноваться Иисусу?

Что Иисус обещал нам?

Ходите

Какие три вещи делает сын?

Что было источником власти в служении Иисуса?

Что Иисус обещал верующим в отношении Святого Духа перед тем, как взойти на крест?

Что Иисус обещал верующим в отношении Святого Духа после воскресения?

Какие четыре заповеди в отношении Святого Духа мы должны исполнять?

Идите

Какие три вещи делает искатель?

Как Иисус принял решение, где нести свое служение?

Как мы должны принимать решение, где нести свое служение?

Как мы можем знать, что Бог работает?

Где работает Иисус?

В каком еще месте работает Иисус?

Делитесь

Какие три вещи делает солдат?

Как победить сатану?

Какой план сильного свидетельства?

Каким важным принципам необходимо следовать?

Какой Иисус?

Евангелие от Матфея 13:36,37. 36. Тогда Иисус, отпустив народ, вошел в дом. И, приступив к Нему, ученики Его сказали: изъясни нам притчу о плевелах на поле. 37. Он же сказал им в ответ: сеющий доброе семя есть Сын Человеческий...

✋ Разбрасывайте семена руками

Какие три вещи делает сеятель?

Евангелие от Марка 4:26-29. 26. И сказал: Царствие Божие подобно тому, как если человек бросит семя в землю, 27. и спит, и встает ночью и днем; и как семя всходит и растет, не знает он 28. ибо земля сама собою производит сперва зелень, потом колос, потом полное зерно в колосе. 29. Когда же созреет плод, немедленно посылает серп, потому что настала жатва.

1. _____

2. _____

3. _____

Что такое простое Евангелие?

Евангелие от Луки 24:1-7. 1. В первый же день недели, очень рано, неся приготовленные ароматы, пришли они ко гробу, и вместе с ними некоторые другие; 2. но нашли камень отваленным от гроба. 3. И, войдя, не нашли тела Господа Иисуса. 4. Когда же недоумевали они о сем, вдруг предстали перед ними два мужа в одеждах блистающих. 5. И когда они были в страхе и наклонили лица свои к земле, сказали им: что вы ищете живого между мертвыми? 6. Его нет здесь: Он воскрес; вспомните, как Он говорил вам, когда был еще в Галилее, 7. сказывая, что Сыну Человеческому надлежит быть предану в руки человеков грешников, и быть распяту, и в третий день воскреснуть.

ПЕРВОЕ...

1. _____

🖐 Сделайте большой круг руками.

2. _____

🖐 Сожмите обе руки.

ВТОРОЕ...

1. _____

🖐 Поднимите кулаки и сделайте вид.

2. _____

🖐 Крепко сожмите обе руки, а потом резко разорвите их.

ТРЕТЬЕ...

1. _____

🖐 Поднимите руки над головой, а потом сделайте движение вниз.

2. _____

🖐 Поставьте средний палец каждой руки на ладонь другой руки..

3. _____

🖐 Держите правый локоть левой рукой и
сделайте движение рукой назад, означающий
погребение.

4. _____

🖐 Поднимите руку с тремя пальцами.

5. _____

🖐 Опустите руки ладонями наружу. Потом
поднимите руки и сложите их крест-накрест у
себя на сердце.

ЧЕТВЕРТОЕ...

1. _____

🖐 Поднимите руки к тому, в кого вы верите.

2. _____

🖐 Ладони наружу, закрывая лицо, отвернув
голову.

3. _____

🖐 Сложите руки вместе.

4. _____

🖐 Сожмите руки вместе.

Стих наизусть

*Евангелие от Луки 8:15) 15. а упавшее на добрую
землю, это те, которые, услышав слово, хранят
его в добром и чистом сердце и приносят плод в
терпении. Сказав это, Он возгласил: кто имеет
уши слышать, да слышит!*

ПРАКТИКА

ЗАВЕРШЕНИЕ

Где Деяния 29:21? ∞

КАРТА ДЕЯНИЯ 29- Часть 3 ∞

10

Возьми

Возьми завершающее занятие семинара. Иисус приказывает нам взять свой крест и следовать за Ним каждый день. Карта Деяния 29 – это иллюстрация того креста, который Иисус приказал каждому верующему нести.

На этом заключительном занятии, ученики представляют свои карты группе. После каждой презентации, группа кладет руки на того, кто только что сделал презентацию и на его карту и молится о том, чтобы Господь благословил и помазал его на это служение. После этого группа делает вызов выступающему, повторяя команду: « Возьми свой крест и следуй за Иисусом» три раза. Все учащиеся делают презентации своих карт. Тренинг заканчивается песней поклонения с обязательством наставлять учеников и заключительной молитвой признанного духовного лидера.

ПРОСЛАВЛЕНИЕ

МОЛИТВА

ИЗУЧЕНИЕ

Повторение

Какие восемь картин помогают нам следовать за Иисусом?

Преумножайте

Какие три вещи делает управляющий?

Какую первую заповедь дал Бог человеку?

Какую последнюю заповедь дал Иисус человеку?

Как я могу приносить плод и преумножать?

Какие два моря расположены в Израиле?

Почему они так сильно отличаются?

На которое из них ты хотел бы быть похожим?

Любите

Какие три вещи делает пастырь?

Какой самой главной заповеди следует обучать людей?

Откуда приходит любовь?

Что означает Простое Поклонение?

Почему нам нужно Простое Поклонение?

Сколько человек могут иметь Простое Поклонение?

Молитесь

Какие три вещи делает святой?

Как нам нужно молиться?

Как Бог ответит нам?

Какой у Бога номер телефона?

Исполняйте

Какие три вещи делает слуга?

У кого наивысшая власть?

Какие четыре заповеди дал Иисус каждому верующему?

Как мы должны повиноваться Иисусу?

Что Иисус обещал нам?

Ходите

Какие три вещи делает сын?

Что было источником власти в служении Иисуса?

Что Иисус обещал верующим в отношении Святого Духа перед тем, как взойти на крест?

Что Иисус обещал верующим в отношении Святого Духа после воскресения?

Какие четыре заповеди в отношении Святого Духа мы должны исполнять?

Идите

Какие три вещи делает искатель?

Как Иисус принял решение, где нести свое служение?

Как мы должны принимать решение, где нести свое служение?

Как мы можем знать, что Бог работает?

Где работает Иисус?

Делитесь

В каком еще месте работает Иисус? Какие три вещи делает солдат?

Как победить сатану?

Какой план сильного свидетельства?

Каким важным принципам необходимо следовать?

Сейте

Какие три вещи делает сеятель?

Каким простым Евангелием мы делимся?

ИЗУЧЕНИЕ

Что Иисус приказывает своим последователям делать каждый день?

> *Евангелие от Луки 9:23) 23. Ко всем же сказал: если кто хочет идти за Мною, отвергнись себя, и возьми крест свой, и следуй за Мною. «Отвергнись себя, возьми свой крест и следуй за Иисусом».*

_____

Какие четыре голоса призывают нас взять свой крест?

> *Евангелие от Марка 16:15 - 15. И сказал им: идите по всему миру и проповедуйте Евангелие всей твари.*

1. _____

 🖐 Укажите пальцем к небу.

> *Евангелие от Луки 16:26-28. 26. и сверх всего того между нами и вами утверждена великая пропасть, так что хотящие перейти отсюда к вам не могут, также и оттуда к нам не переходят. 27. Тогда сказал он: так прошу тебя, отче, пошли его в дом*

отца моего, 28. ибо у меня пять братьев; пусть он засвидетельствует им, чтобы и они не пришли в это место мучения.

2. _____

☝ Укажите пальцем вниз к земле

Первое послание к Коринфянам 9:16)-- 16. Ибо если я благовествую, то нечем мне хвалиться, потому что это необходимая обязанность моя, и горе мне, если не благовествую!

3. _____

☝ Укажите пальцем себе на сердце.

Деяния св. Апостолов 16:9. 9. И было ночью видение Павлу: предстал некий муж, Македонянин, прося его и говоря: приди в Македонию и помоги нам.

4. _____

☝ Сложите руки чашечкой по направлению к группе и сделайте движение «идите ко мне».

ПРЕЗЕНТАЦИИ

КАРТЫ ДЕЯНИЯ 29 ☙

Подготовка наставников

В данном разделе дано подробное описание того как готовить наставников так, чтобы этот способ мог быть воспроизведен. Прежде всего, мы поделимся с вами теми результатами, которые можно ожидать, подготовив других по пособию «Подготовка настоящих учеников». Затем мы кратко изложим процесс тренинга, основанный на самой главной заповеди, включающий 1. поклонение 2. молитву 3. изучение 4. практику. Наконец, мы поделимся некоторыми из ключевых принципов в подготовке наставников, которые мы выработали, подготовив тысячи учителей.

РЕЗУЛЬТАТЫ

Окончив курс «Подготовка настоящих учеников», учащиеся смогут:

- Проводить десять базовых уроков ученичества, основанного на следовании за Христом, используя процесс воспроизводимого обучения.
- Запомнить восемь ясных картин, изображающих последователя Иисуса.
- Вести в малой группе поклонение, основанное на самой главной заповеди.

- Убедительно делиться свидетельством и проповедовать Евангелие.
- Представлять конкретную концепцию того, как донести Благую весть погибающим, используя карту Деяния 29.
- Начать группу наставничества (некоторые из которых станут церквями), обучать этому других.

Процесс

Каждое занятие проходит по одному и тому же плану. Ниже указаны порядок и приблизительное время.

ПРОСЛАВЛЕНИЕ

- 10 минут
- Попросите кого-нибудь начать занятие с молитвы о Божьих благословениях и о Его руководстве для каждого в группе. Попросите кого-нибудь руководить группой в пении гимнов (в зависимости от контекста). Инструменты не обязательны.

МОЛИТВА

- 10 минут
- Разделите всех учащихся на пары (так, чтобы они были в паре с тем, с кем раньше   не были). Пусть они поделятся ответами на следующие вопросы:

    1. Как мы можем молиться о спасении тех неверующих, кого мы знаем?

2. Как мы можем молиться за группу, которую вы обучаете?

- Если кто-то из учащихся еще не начал вести группу, его напарник может помочь ему составить список возможных друзей и родственников ,которых можно обучать, затем вместе молиться о людях в списке.

ИЗУЧЕНИЕ

В системе тренинга «Следуй за Иисусом» используется следующий порядок: Прославление, Молитва, Изучение и Практика. Этот процесс основан на системе Простого Поклонения, подробно описанного начиная со стр.36. Для десяти уроков в тренинге «Следуй за Иисусом» занятие "Изучение" описано ниже:

- 30 минут
- Каждый занятие "Изучение" начинается с "Повторения". Это повторение восьми картин Иисуса и усвоенных уроков. К концу тренинга учащиеся смогут воспроизвести весь тренинг на память.
- После "Повторения" учитель или его помощник преподает текущий урок, подчеркивая, что учащиеся должны очень внимательно слушать, так как в дальнейшем они будут обучать друг друга.
- Планируя занятие, учителям следует использовать следующую последовательность:

  1. Задайте вопрос.
  2. Прочитайте Писание.
  3. Побудите учащихся ответить на вопрос.

Такая последовательность ставит на первое место не учителя, а Бога. Слишком часто учителя задают вопрос, отвечают на него, а потом поддерживают свой ответ цитатой из Библии. Такая последовательность ставит на первое место учителя, а не Божье слово.

- Если учащиеся отвечают на вопрос неправильно, не исправляйте их. Попросите участников прочитать вслух отрывок из Писания и постараться ответить еще раз.
- В конце каждого занятия нужно выучить наизусть стих. Учителя и ученики стоят вместе и повторяют стих наизусть 10 раз; сначала они называют место в Библии, где находится стих, потом сам стих. Первые 6 раз учащимся разрешено пользоваться Библиям или учебниками. Однако, последние 4 раза вся группа читает стих наизусть. Вся группа читает стих 10 раз, а затем может сесть.

ПРАКТИКА

- 30 минут
- Во время Молитвы все ученики были разделены на пары. Напарник по молитве является напарником во время практики.
- На каждом уроке выбирается лидер пары. Лидер- это тот человек. который будет обучать первым. Учитель объявляет группе метод выбора лидера.
- Имитируя учителя, лидер тренирует своего напарника. Тренинг включает повторение, новый урок и заканчивается стихом наизусть. Учащиеся встают, чтобы прочитать стих и садятся, когда заканчивают. Это позволяет учителю видеть, кто закончил.

- Когда первый человек в группе закончил, начинает второй. Проследите, чтобы никто в паре не пропустил своей очереди и не избрал кратчайший путь.
- Ходите по комнате во время практики, следя за тем, чтобы всё было сделано так, как нужно. Отсутствие движения рук — это доказательство того, что они не имитируют вас. Неуклонно повторяйте, что они должны копировать ваш стиль.
- Пусть они найдут нового напарника и практикуются снова.

ЗАВЕРШЕНИЕ

- 20 минут
- Большинство занятий заканчиваются практической деятельностью. Предоставьте учащимся достаточно времени поработать над их картами Деяний-29 и побудите их ходить по комнате и заимствовать идеи у других, пока они работают.
- Сделайте всё необходимые объявления, а затем попросите кого-нибудь помолится о благословениях на занятие. Попросите помолиться кого-либо, кто ещё не молился так, чтобы к концу курса каждый помолился бы хотя бы один раз.

Простое поклонение

Простое поклонение—это критический компонент тренинга «Следуй за Иисусом», один из ключевых навыков для подготовки учеников. Основываясь на Великом Поручении, Простое Поклонение обучает тому, как исполнять наказ любить Бога всем своим сердцем, всей душой, всем разумением и всею силой.

Мы любим Бога всем сердцем, когда мы прославляем Его. Мы любим Его всей душой, когда мы молимся Ему. Мы любим Его всем разумением, когда мы изучаем Библию. Наконец, мы любим Бога всеми силами, когда мы на практике осуществляем то, чему мы научились, для того, чтобы поделиться этим с другими.

Бог благословил малые группы по всей Юго-Восточной Азии, всех тех, кто понял, что они могут поклоняться Богу в любом месте: дома, в ресторане, в парке, в воскресной школе, даже в Пагоде!

Процесс

- Разделитесь на группы по четыре.
- Каждый человек отвечает за одну часть Простого Поклонения.

- Каждый раз, когда вы практикуете Поклонение, учащиеся обмениваются теми частями, за которые они отвечают так, чтобы к концу тренинга каждый осуществил свою часть на практике дважды.

Прославление

- Один человек ведёт группу в пении гимнов (в зависимости от контекста).
- Инструменты не нужны.
- Во время тренинга, попросите учащихся расставить стулья, как будто они сидят вместе за столом в кафе.
- Каждая группа будет петь разные песни, и это хорошо.
- Объясните группам, что это время прославления Бога всем сердцем, а не соревнование, кто будет громче петь.

Молитва

- *Другой* человек (не тот, кто руководил группой во время прославления) ведёт группу во время молитвы.
- Молитвенный руководитель спрашивает каждого члена группы о молитвенных нуждах и записывает их.
- Руководитель обещает молиться за эти нужды, пока группа не встретится вновь.
- После того, как каждый человек высказал свою молитвенную нужду, руководитель молится за всю группу.

Изучение.

- *Другой* человек в группе из четырех руководит группой во время изучения.
- Ведущий этого блока рассказывает историю из Библии своими словами; мы предлагаем истории из Евангелия, по крайней мере, в начале.
- В зависимости от группы, мы можем попросить ведущего сначала прочитать историю, а затем рассказать ее своими словами.
- После изучения истории из Библии, ведущие задают своим группам три вопроса:

  1. Что вы узнали о Боге из этой истории?
  2. Что вы узнали о людях из этой историю?
  3. Чему я научился из этой истории, что поможет мне следовать за Иисусом?

- Группа обсуждает каждый вопрос вместе до тех пор, пока ведущий не почувствует, что дискуссия начинает угасать. Тогда он переходит к следующему вопросу.

Практика

- *Следующий* член группы из четверых ведет группу во время практики.
- Руководитель практики помогает группе повторить урок, и он должен убедиться в том, что каждый понимает урок и может обучать других.
- Руководитель практики рассказывает ту же историю из Библии, что ведущий изучение.
- Он задает те же самые вопросы, что и руководитель изучения, и группа еще раз обсуждает каждый вопрос.

Завершение

- Группа Простого Поклонения завершает время поклонения либо молитвой Отче наш, либо исполнением песни прославления.

Дальнейшее изучение

Обратитесь к следующим источникам для более глубокого обсуждения представленной темы. Что касается миссионерской работы, это также хороший список литературы, которую следует перевести после Библии.

Billheimer, Paul (1975). *Destined for the Throne.* Christian Literature Crusade.

Blackaby, Henry T. and King, Claude V (1990). *Experiencing God: Knowing and Doing the Will of God.* Lifeway Press.

Bright, Bill (1971). *How to Be Filled with the Holy Spirit.* Campus Crusade for Christ.

Carlton, R. Bruce (2003). *Acts 29: Practical Training in Facilitating Church-Planting Movements among the Ne* Chen, John. *Training For Trainers (T4T).* Unpublished, no date.

Graham, Billy (1978). *The Holy Spirit: Activating God's Power in Your Life.* W Publishing Group.

Hodges, Herb (2001). *Tally Ho the Fox! The Foundation for Building World-Visionary, World Impacting, Reproducing Disciples.* Spiritual Life Ministries.

Hybels, Bill (1988). *Too Busy Not to Pray.* Intervarsity Press.

Murray, Andrew (2007). *With Christ in the School of Prayer.* Diggory Press.

Ogden, Greg (2003). *Transforming Discipleship: Making Disciples a Few at a Time.* InterVarsity Press.

Packer, J. I (1993). *Knowing God.* Intervarsity Press.

Patterson, George and Scoggins, Richard (1994). *Church Multiplication Guide.* William Carey Library.

Piper, John (2006). *What Jesus Demands from the World.* Crossway Books.

www.ingramcontent.com/pod-product-compliance
Lightning Source LLC
Chambersburg PA
CBHW070552030426
42337CB00016B/2459